가나다라

한글

쓱쓱 따라쓰기

걸음마 지음

가나다라 한글 쓱쓱 따라쓰기

걸음마 지음

목차

1. 쓱쓱 자음 쓰기 - p.9

2. 쓱쓱 모음 쓰기 - p.15

3. 쓱쓱 자음과 모음 쓰기 - p.21

4. 쓱쓱 낱말 쓰기 - p.29

5. 쓱쓱 문장 쓰기 - p.55

초등교과연계

〈국어1-1〉 바른 자세로 읽고 쓰기

〈국어1-1〉 재미있게 ㄱㄴㄷ

〈국어1-1〉 다함께 아야어여

〈국어1-1〉 글자를만들어요

〈국어1-1〉 다정하게 인사해요

한글은 기본 자음 14개와 복합 자음 5개로 총 19개 자음이 있어요.

한글 자음 순서

ㄱ[기역] ㄴ[니은] ㄷ[디귿] ㄹ[리을]

ㅁ[미음] ㅂ[비읍] ㅅ[시옷] ㅇ[이응]

ㅈ[지읒] ㅊ[치읓] ㅋ[키읔] ㅌ[티읕]

ㅍ[피읖] ㅎ[히읗]

ㄲ[쌍기역] ㄸ[쌍디귿] ㅃ[쌍비읍]

ㅆ[쌍시옷] ㅉ[쌍지읒]

1. 쓱쓱자음쓰기

쓰는 순서에 맞추어 천천히 써보세요.

10

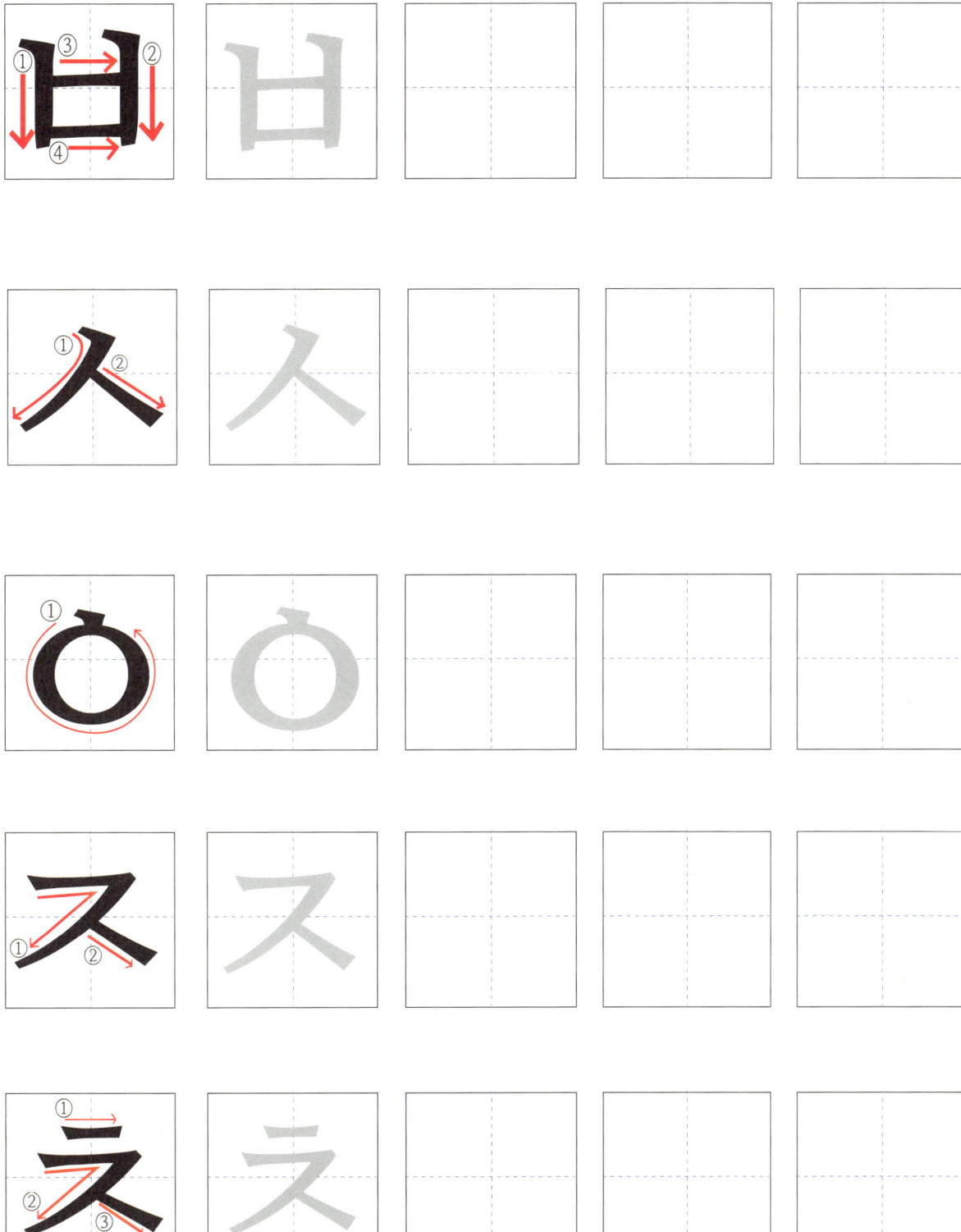

쓰는 순서에 맞추어 천천히 써보세요.

쌍자음도 쓰는 순서에 맞추어 천천히 써보세요.

ㄲ ㄲ

ㄸ ㄸ

ㅃ ㅃ

ㅆ ㅆ

ㅉ ㅉ

한글은 기본모음 10개와 복합 모음 11개로
총 21개 모음이 있어요.

한글 모음 순서

ㅏ[아] ㅑ[야] ㅓ[어] ㅕ[여] ㅗ[오]

ㅛ[요] ㅜ[우] ㅠ[유] ㅡ[으] ㅣ[이]

ㅐ[애] ㅒ[얘] ㅔ[에] ㅖ[예]

ㅘ[와] ㅙ[왜] ㅚ[외] ㅝ[워]

ㅞ[웨] ㅟ[위] ㅢ[의]

2. 쓱쓱모음쓰기

쓰는 순서에 맞추어 천천히 써보세요.

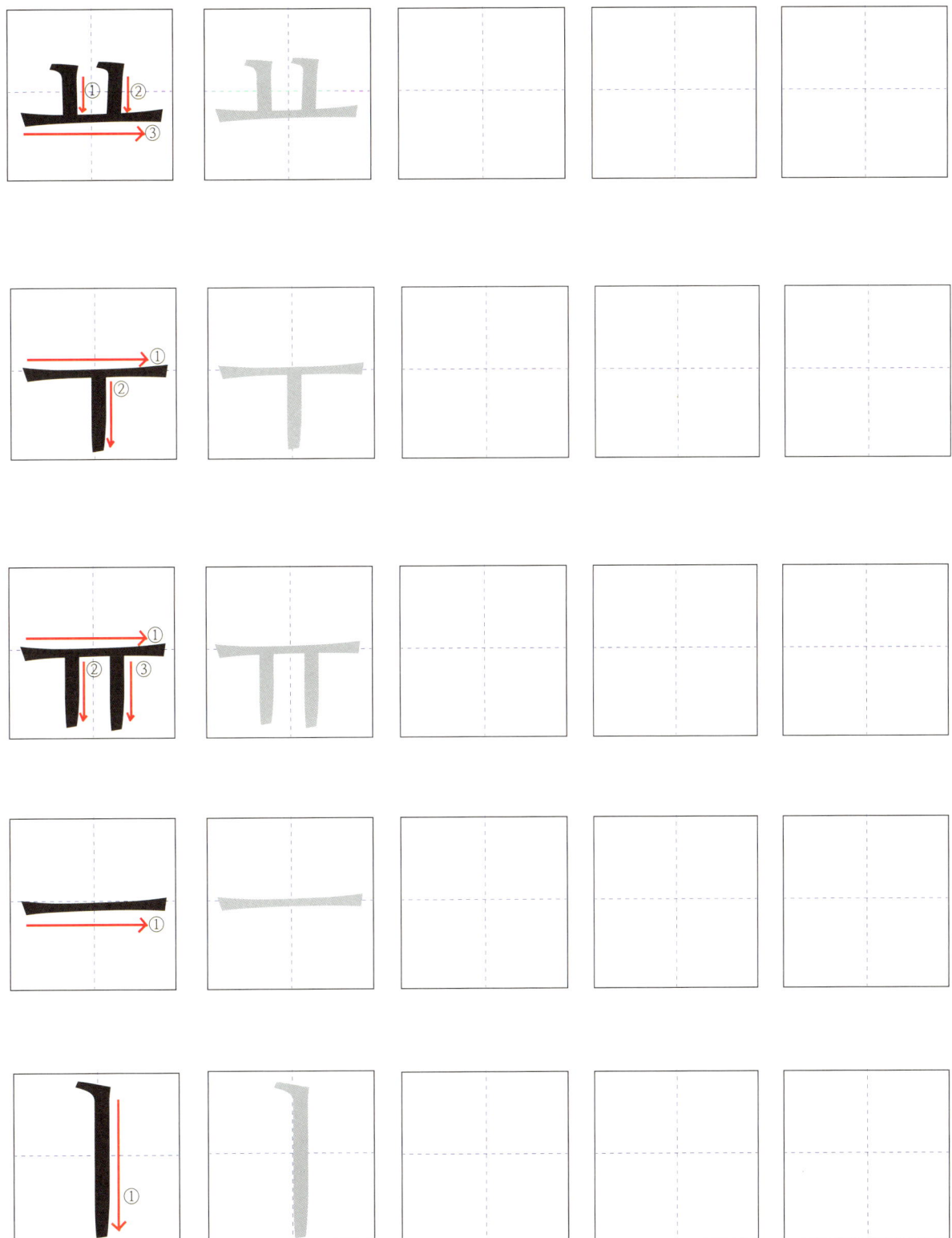

쓰는 순서에 맞추어 천천히 써보세요.

18

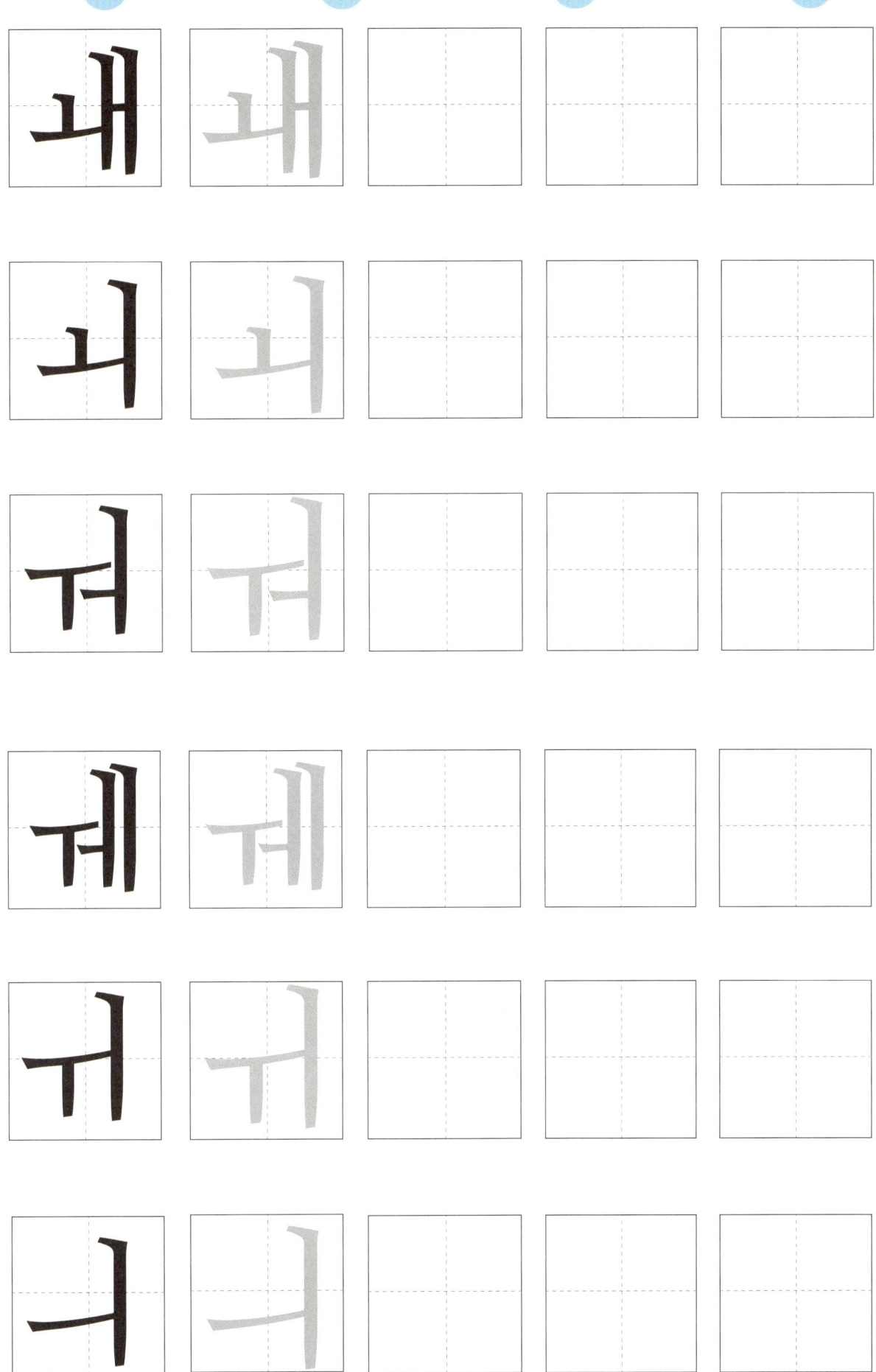

자음과 모음이 어우러져

하나의 글자가 만들어져요

3. 쓱쓱 자음과 모음 쓰기

쓰는 순서에 맞추어 천천히 써보세요.

	ㅏ	ㅓ	ㅗ	ㅜ	ㅡ	ㅣ
ㄱ	가	거	고	구	그	기
ㄴ	나	너	노	누	느	니
ㄷ	다	더	도	두	드	디
ㄹ	라	러	로	루	르	리

	ㅏ	ㅓ	ㅗ	ㅜ	ㅡ	ㅣ
ㅁ	마	머	모	무	므	미
ㅂ	바	버	보	부	브	비
ㅅ	사	서	소	수	스	시
ㅇ	아	어	오	우	으	이

쓰는 순서에 맞추어 천천히 써보세요.

	ㅏ	ㅓ	ㅗ	ㅜ	ㅡ	ㅣ
ㅈ	자	저	조	주	즈	지
ㅊ	차	처	초	추	츠	치
ㅋ	카	커	코	쿠	크	키
ㅌ	타	터	토	투	트	티

	ㅏ	ㅓ	ㅗ	ㅜ	ㅡ	ㅣ
ㅍ	파	퍼	포	푸	프	피
ㅎ	하	허	호	후	흐	히

쓰는 순서에 맞추어 천천히 써보세요.

	ㅐ	ㅑ	ㅖ	ㅕ	ㅛ	ㅠ
ㄱ	개	갸	게	겨	교	규
ㄴ	내	냐	네	녀	뇨	뉴
ㄷ	대	댜	데	뎌	도	듀
ㄹ	래	랴	레	려	료	류
ㅁ	매	먀	메	며	묘	뮤
ㅂ	배	뱌	베	벼	보	뷰
ㅅ	새	샤	세	셔	쇼	슈

	ㅐ	ㅑ	ㅔ	ㅕ	ㅛ	ㅠ
ㅇ	애	야	에	여	요	유
ㅈ	재	쟈	제	져	죠	쥬
ㅊ	채	챠	체	쳐	쵸	츄
ㅋ	캐	캬	케	켜	쿄	큐
ㅌ	태	탸	테	텨	툐	튜
ㅍ	패	퍄	페	펴	표	퓨
ㅎ	해	햐	헤	혀	효	휴

낱말의 뜻을 생각하면서 천천히

모양을 유지하며 글자를 써 보세요.

4. 쓱쓱 낱말 쓰기

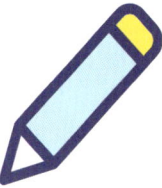

쓰는 순서에 맞추어 천천히 써보세요.

엄	마
엄	마

아	빠
아	빠

언	니
언	니

오	빠
오	빠

누	나
누	나

동	생
동	생

할	머	니
할	머	니

할	아	버	지
할	아	버	지

쓰는 순서에 맞추어 천천히 써보세요.

장	미
장	미

튤	립
튤	립

개	나	리
개	나	리

진	달	래
진	달	래

나	팔	꽃
나	팔	꽃

무	궁	화
무	궁	화

수	선	화
수	선	화

해	바	라	기
해	바	라	기

쓰는 순서에 맞추어 천천히 써보세요.

수	박
수	박

딸	기
딸	기

오	렌	지
오	렌	지

바	나	나
바	나	나

사	과
사	과

포	도
포	도

복	숭	아
복	숭	아

파	인	애	플
파	인	애	플

쓰는 순서에 맞추어 천천히 써보세요.

강	아	지
강	아	지

고	양	이
고	양	이

호	랑	이
호	랑	이

사	자
사	자

토	끼
토	끼

거	북	이
거	북	이

원	숭	이
원	숭	이

돼	지
돼	지

쓰는 순서에 맞추어 천천히 써보세요.

밥
밥

김	치
김	치

치	킨
치	킨

피	자
피	자

팥	빙	수
팥	빙	수

햄	버	거
햄	버	거

떡	볶	이
떡	볶	이

만	두
만	두

쓰는 순서에 맞추어 천천히 써보세요.

반	팔
반	팔

긴	팔
긴	팔

양	말
양	말

치	마
치	마

가	방
가	방

신	발
신	발

모	자
모	자

바	지
바	지

쓰는 순서에 맞추어 천천히 써보세요.

개	미
개	미

나	비
나	비

꿀	벌
꿀	벌

거	미
거	미

메	뚜	기
메	뚜	기

사	슴	벌	레
사	슴	벌	레

사	마	귀
사	마	귀

귀	뚜	라	미
귀	뚜	라	미

쓰는 순서에 맞추어 천천히 써보세요.

그	네
그	네

미	끄	럼	틀
미	끄	럼	틀

시	소
시	소

술	래	잡	기
술	래	잡	기

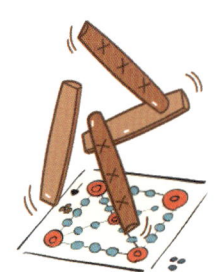

윷	놀	이
윷	놀	이

숨	바	꼭	질
숨	바	꼭	질

널	뛰	기
널	뛰	기

제	기	차	기
제	기	차	기

쓰는 순서에 맞추어 천천히 써보세요.

버	스
버	스

기	차
기	차

택	시
택	시

자	동	차
자	동	차

자	전	거
자	전	거

지	하	철
지	하	철

비	행	기
비	행	기

여	객	선
여	객	선

쓰는 순서에 맞추어 천천히 써보세요.

봄
봄

여	름
여	름

가	을
가	을

겨	울
겨	울

소	나	기
소	나	기

함	박	눈
함	박	눈

더	위
더	위

추	위
추	위

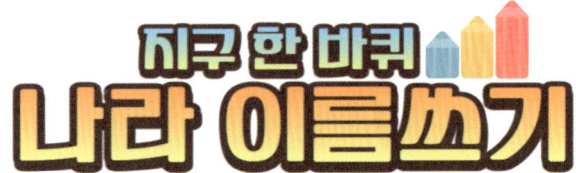

쓰는 순서에 맞추어 천천히 써보세요.

대	한	민	국
대	한	민	국

미	국
미	국

중	국
중	국

일	본
일	본

영	국
영	국

인	도
인	도

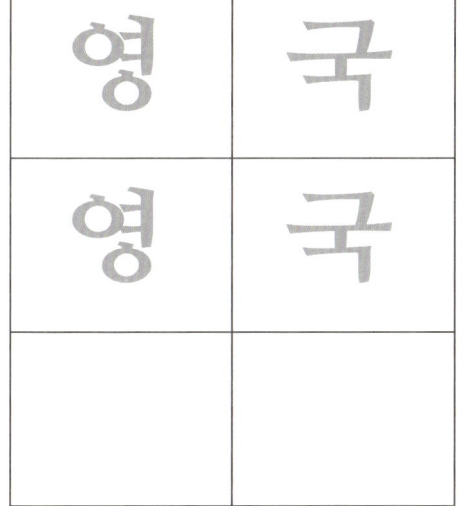

브	라	질
브	라	질

러	시	아
러	시	아

쓰는 순서에 맞추어 천천히 써보세요.

양	파
양	파

당	근
당	근

감	자
감	자

고	구	마
고	구	마

배	추
배	추

무
무

고	추
고	추

시	금	치
시	금	치

글자와 글자의 간격을

잘 맞추어 문장을 써 보세요.

5. 쓱쓱 문장 쓰기

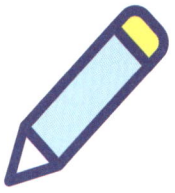

인사말 쓰기

쓰는 순서에 맞추어 천천히 써보세요.

| 안녕하세요. |
| 안녕하세요. |
| |

| 안녕히 계세요. |
| 안녕히 계세요. |
| |

반갑습니다.

반갑습니다.

고맙습니다.

고맙습니다.

쓰는 순서에 맞추어 천천히 써보세요.

안녕.

안녕.

반가워.

반가워.

고마워.

고마워.

감사합니다.

감사합니다.

쓰는 순서에 맞추어 천천히 써보세요.

강아지가 멍멍 짖어요.

강아지가 멍멍 짖어요.

고양이가 야옹 울어요.

고양이가 야옹 울어요.

토끼가 깡충깡충 뛰어요.

토끼가 깡충깡충 뛰어요.

거북이가 엉금엉금 기어가요.

거북이가 엉금엉금 기어가요.

쓰는 순서에 맞추어 천천히 써보세요.

| 비가 보슬보슬 내려요. |
| 비가 보슬보슬 내려요. |
| |

| 햇볕이 쨍쨍 비쳐요. |
| 햇볕이 쨍쨍 비쳐요. |
| |

구름이 뭉게뭉게 피어올라요.

구름이 뭉게뭉게 피어올라요.

눈이 펑펑 내려요.

눈이 펑펑 내려요.

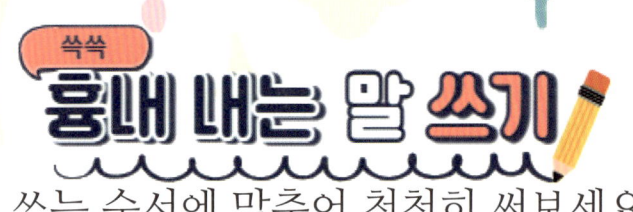

쓰는 순서에 맞추어 천천히 써보세요.

| 아기가 아장아장 걸어요. |
| 아기가 아장아장 걸어요. |
| |

| 방울이 딸랑딸랑 흔들려요. |
| 방울이 딸랑딸랑 흔들려요. |
| |

할머니가 호호호 웃어요.

할머니가 호호호 웃어요.

할아버지가 하하하 웃어요.

할아버지가 하하하 웃어요.

쓰는 순서에 맞추어 천천히 써보세요.

소 잃고 외양간 고친다.

소 잃고 외양간 고친다.

'외양간'은 소를 두는 공간이에요. 외양간이 허술해서 소가 멀리 도망가고 허술한 외양간을 고치면 아무런 소용이 없지요. 이미 일을 망치고 난 후에 손을 써도 아무 소용이 없으니 미리 준비하라는 뜻의 속담이에요.

| 고래 싸움에 새우등 터진다. |
| 고래 싸움에 새우등 터진다. |
| |

몸집이 큰 고래가 서로 싸우는데 그 사이에 너무나도 작은 새우가 있다면 어떻게 될까요? 힘도 없고 작은 새우는 크게 다치겠지요.

이 속담은 고래처럼 힘 센 사람들의 다툼에 아무 관계없는 약한 사람이 피해를 본다는 뜻이에요.

쓰는 순서에 맞추어 천천히 써보세요.

호랑이도 제 말하면 온다.

호랑이도 제 말하면 온다.

깊은 산에 있는 호랑이가 자기 이야기를 하니 그 자리에 나타난다는 말로, 어떤 사람에 관한 이야기를 하고 있는데 우연히 그 사람이 나타난다는 뜻의 속담이에요.

| 가재는 게 편. |
| 가재는 게 편. |
| |

친구가 다투고 있을 때 더 친한 친구 편을 들어주거나 도와주게 되지요.
이처럼 형편이나 처지가 비슷한 사람끼리 어울리게 되어 서로 편이 되고 잘 감싸줄 때 쓰는 속담이에요.

쓰는 순서에 맞추어 천천히 써보세요.

가랑비에 옷 젖는 줄 모른다.

가랑비에 옷 젖는 줄 모른다.

비가 많이 오지 않는다고 우산도 안 쓰고 밖에서 놀면 어느샌가 옷이 흠뻑 젖어버리지요. 아무리 작은 일이라도 신경 쓰지 않고 놔두면 무시하지 못할 정도로 일이 커진다는 뜻이에요.

물이 깊어야 고기가 모인다.

물이 깊어야 고기가 모인다.

물이 얕고 좁은 개천보다 깊고 넓은 바다에 물고기가 더 많이 살고 있지요. 착한 일을 하면서 다른 사람도 배려하면 사람들이 자연스럽게 따른다는 뜻의 속담이에요.

쓰는 순서에 맞추어 천천히 써보세요.

가뭄 끝은 있어도 장마 끝은 없다.

가뭄 끝은 있어도 장마 끝은 없다.

가뭄은 아무리 심해도 농작물이 피해를 보는 정도에서 그치지만 장마로 홍수가 나면 모든 것을 쓸어가서 큰 피해가 생겨요. 그렇기 때문에 가뭄 끝은 있어도 장마 끝은 없다는 속담이 생겼어요.

해가 서쪽에서 뜨겠다.

해가 서쪽에서 뜨겠다.

해는 동쪽에서 떠서 남쪽을 지나 서쪽에서 져요. 해가 서쪽에서 뜨는 건 있을 수 없는 일이지요. 이처럼 평소와는 다르게 생긴 일이나 행동하는 사람에게 사용하는 속담이에요.

네모 칸에 맞추어 쓰고싶은 말을 자유롭게 써보세요.

네모 칸에 맞추어 쓰고싶은 말을 자유롭게 써보세요.

가나다라 쓱쓱 따라쓰기

발행일 초판 1쇄 2023년 9월 7일
6쇄 2025년 9월 3일

지은이 걸음마 **펴낸이** 강주효 **마케팅** 이동호 **편집** 이태우 **디자인** 하루
펴낸곳 도서출판 버금 **출판등록** 제353-2018-000014호
전화 032)466-3641 **팩스** 032)232-9980
이메일 beo-kum@naver.com
블로그 blog.naver.com/beo-kum
제조국 대한민국 **인쇄제작** 정우피앤피
주의사항 종이에 베이거나 긁히지 않게 조심하세요.

ISBN 979-11-978983-5-8 73710
값 9,000

ⓒ 2023 걸음마
잘못된 책은 구입하신 곳에서 교환해 드립니다.
이 책의 저작권은 도서출판 버금에 있습니다.